"Escrituras tomadas de la Nueva Biblia de las Américas (NBLA), Copyright © 2005 por The Lockman Foundation. Usadas con permiso. www.NuevaBiblia.com"

© RonBrooks, 2021

B

pastorronbrooks.com

Salvo lo dispuesto en la Ley de Derechos de Autor de 2001, ninguna parte de esta publicación puede ser reproducida, almacenada en un sistema de recuperación o transmitida en cualquier forma o por cualquier medio sin el permiso previo por escrito del editor.

Guía del Bautismo para Niños

De modo que quieres ser bautizado. ¡Eso es estupendo! El bautismo es un hito ENORME en la vida de un cristiano, sin embargo, no es algo que hacemos simplemente porque todos los demás lo hacen.

Es necesario que antes de bautizarte entiendas lo que estás haciendo. Debes ser capaz de explicar lo que significa el bautismo, y también debes ser capaz de decir por qué quieres ser bautizado.

El presente libro te ayudará a hacerlo. Mientras recorres estas páginas, te estarás preparando para dar un gran paso en tu camino de fe.

¿Qué es el bautismo?

- El bautismo significa *sumergir* (como en el agua)
- El bautismo es algo que se hace para demostrar a los demás que se ama a Jesús, que se quiere obedecer sus mandatos y que se le ha pedido perdón.
- Es un símbolo de que Jesús murió, fue enterrado y se resucitó entre los muertos.

¿Qué es un símbolo?

Un símbolo es una imagen o un objeto que representa otra cosa.

Por ejemplo, ¿qué representa el símbolo $? Sí, es el símbolo de un dólar. ¿Y el águila calva? Si dices que es un símbolo de la libertad o de América, estás en lo cierto.

Tómate un minuto para ver cuántos símbolos puedes enumerar.

_____

_____

_____

_____

_____

_____

Esta es otra manera de pensar en ello. Llevar una camiseta deportiva no significa que seas un jugador profesional. Para un jugador de baloncesto, la camiseta es parte del uniforme para mostrar en qué equipo juega.

No eres parte de un equipo profesional solo porque lleves una camiseta. Lo contrario también es cierto: si un jugador profesional no lleva la camiseta, no significa que ya no forme parte del equipo.

Una persona no es automáticamente perdonada de sus pecados y miembro del "Equipo Jesús" solo porque se bautice. Tienes que arrepentirte y pedirle a Jesús que te perdone para tener vida eterna en el "Equipo Jesús".

El bautismo es un símbolo de estar en el "equipo" de Jesús. Y lo hacemos para mostrar a todos que estamos en su equipo. Ser perdonados y hacer de Él nuestro Salvador nos pone en su equipo. Nosotros podemos ser perdonados y no ser bautizados. Podemos ser bautizados pero eso no nos hace perdonados. El bautismo es algo que hacemos para mostrar a otros que hemos sido perdonados y hemos puesto nuestra confianza en Jesús.

Un anillo de bodas es otro buen ejemplo de un símbolo que puede ayudar a entender el bautismo. Al casarse, los esposos suelen intercambiar anillos como símbolo de su amor mutuo. Cuando llevan el anillo, es un símbolo para que los demás sepan que están casados. Llevar un anillo no significa automáticamente estar casado, al igual que si una persona casada se quita el anillo, no significa que ya no esté casada. Los anillos son un símbolo de su matrimonio. Una persona casada lleva su anillo para mostrar a la gente que están casados, al igual que alguien que se bautiza lo hace para mostrar a todos que Jesús los perdonó, y que están eligiendo seguirlo.

Al ser bautizado, te sumerges en el agua, lo que significa que te sumerges por completo. (¡No te preocupes, puedes taparte la nariz si lo necesitas!).

El hecho de sumergirse y salir del agua también es simbólico.

Porque somos sepultados juntamente con él para muerte por el bautismo, a fin de que como Cristo resucitó de los muertos por la gloria del Padre, así también nosotros andemos en vida nueva. Romanos 6:4

El hecho de sumergirse en el agua es un símbolo de la muerte del pecado. Jesús murió y fue enterrado para que pudiéramos ser perdonados de nuestros pecados. Sumergirse en el agua es un recordatorio de su muerte y muestra a todos que tus pecados han sido enterrados.

Sin embargo, Jesús no permaneció muerto. Solo estuvo muerto tres días, y luego se levantó de la tumba. Eso es lo que celebramos cada año en Pascua: la resurrección de Jesús.

Cuando sale del agua es un recordatorio de su nueva vida en Cristo.

De modo que si alguno está en Cristo, nueva criatura es; las cosas viejas pasaron; he aquí todas son hechas nuevas. 2 Corintios 5:17

¿Por qué deberías bautizarte?

Aquí hay algunas razones por las que deberías considerar ser bautizado.

- *Jesús mismo se bautizó.*

Busca y lee Mateo 3:13-17, y luego responde a las preguntas.

¿Quién bautizó a Jesús?

_____

_____

_____

¿Qué ocurrió después de que Jesús fuera bautizado?

_____

_____

_____

¿Qué sintió Dios cuando Jesús fue bautizado?

_____

_____

_____

- *Jesús nos dice que nos bauticemos*

Busca y lee Mateo 28:16-20, y luego responde a las preguntas.

¿A quién le hablaba Jesús?

_____

_____

_____

¿Qué les dijo que hicieran?

_____

_____

_____

¿Cómo puedes saber si estás listo para ser bautizado?

En la Biblia, cuando alguien se bautiza, primero se "arrepiente". El bautismo viene después de tu elección de seguir a Jesús y es una manera de mostrar a tus amigos y familia que confías en Jesús y le has pedido que te perdone y sea tu Salvador.

Preguntas para hacer antes de ser bautizado:

#1 ¿Le has pedido a Jesús que te perdone?

_____

_____

_____

#2 ¿Estás preparado para decir/mostrar a tus amigos y familiares que Jesús es tu Salvador? ¿A quiénes les dirías cuando te bautices?

_____

_____

_____

_____

_____

Revestirse de Cristo

Pues todos ustedes son hijos de Dios mediante la fe en Cristo Jesús. ²⁷ Porque todos los que fueron bautizados en Cristo, de Cristo se han revestido. *Gálatas 3:26-27*

¿Qué crees que significa "haberse revestido de Cristo"?

_____

_____

_____

_____

_____

_____

_____

_____

_____

Piensa en cómo te vistes por la mañana. Te quitas el pijama y luego te pones la ropa que piensas usar para el día.

Cuando te "vistes de Cristo" significa que reconoces que eres una persona pecadora. Le has pedido a Jesús que te perdone tus pecados. Te quitas los viejos hábitos que no agradan a Dios. Trabajas para cambiar tu comportamiento para vivir una vida de la manera que Dios quiere que vivas.

Te "pones" la Armadura de Dios. Te "pones" el Fruto del Espíritu. Ser bautizado significa que estás haciendo una declaración pública de que vas a vivir tu vida para Dios. No será fácil, y cometerás errores en el camino. Pero estar 'vestido de Cristo' significa que amas a Dios, y quieres seguirlo.

Fruto del Espíritu

²² Pero el fruto del Espíritu es amor, gozo, paz, paciencia, benignidad, bondad, fidelidad[e], ²³ mansedumbre, dominio propio; contra tales cosas no hay ley. ²⁴ Pues los que son de Cristo Jesús han crucificado la carne con sus pasiones y deseos. *Gálatas 5:22-26*

En las páginas siguientes, tómate un tiempo para escribir cómo podrían ser estos "frutos" en tu vida. ¿Cuáles son algunas de las cosas que podrías decir y hacer para mostrar a los que te rodean que eres cristiano y que vives tu vida de la manera que Jesús quiere que lo hagas? (si no sabes lo que significan las siguientes palabras, puedes buscarlo, o preguntar a un adulto o a tu pastor)

Amor

_____

_____

_____

_____

_____

Gozo (alegría)

_____

_____

_____

_____

_____

Paz

Paciencia

Benignidad (amabilidad)

_____

_____

_____

_____

_____

Bondad

_____

_____

_____

_____

_____

Fidelidad

_____

_____

_____

_____

_____

_____

Mansedumbre (humilidad)

_____

_____

_____

_____

_____

Domino propio

Aquí hay algunas preguntas para discutir con tus padres y tu pastor para ayudarte a determinar si ahora es el momento adecuado para que te bautices.

¿Estás listo para ser bautizado?

En tus propias palabras, ¿qué es el bautismo?

_____

_____

_____

_____

_____

_____

_____

¿Por qué quieres bautizarte?

_____

_____

_____

_____

_____

En tus propias palabras, describe tu relación con Jesús.

_____

_____

_____

_____

_____

¿Cómo sabes que estás preparado para ser bautizado?

Tu testimonio

¿Ha visto alguna vez un juicio en la sala de audiencias? ¿Quizá en un programa de televisión? Durante un juicio, a menudo hay testigos que son llamados al estrado para declarar. Eso quiere decir que dan su versión de los hechos al resto de la sala. Los abogados están tratando de construir su caso, y necesitan reunir hechos sobre el caso a partir del testimonio de personas que saben lo que pasó.

Un testimonio es un relato personal de los hechos.

Cuando te bautices, puede que tengas la oportunidad de compartir tu testimonio personal con los que están mirando.

¿Qué es un testimonio personal? Un testimonio personal es una historia sobre tu experiencia con Jesús. Cuando te bautizas puedes tener la oportunidad de compartir lo que Jesús ha hecho en tu vida.

Lee Hechos 9:1-31

Este es el relato de Jesús hablando con Saulo en el camino de Damasco. Saulo era un tipo bastante malo: perseguía y mataba a los cristianos. Pero un día tuvo un encuentro con Jesús y su vida cambió. Su vida cambió tanto que incluso cambió su nombre a Pablo.

Por ejemplo, Pablo fue arrestado por predicar sobre Jesús. De camino a la cárcel, se le dio la oportunidad de hablar a la multitud y defenderse, y dio su testimonio sobre cómo Jesús había cambiado su vida.

Lee Hechos 22:1-21

¿Cómo era Pablo antes de que Jesús le hablara en el camino de Damasco?

_____

_____

_____

_____

_____

¿Qué le dijo Ananías a Saulo?

_____

_____

_____

_____

¿Qué hizo Saulo después de ser bautizado?

_____

_____

_____

_____

Al leer la defensa de Pablo, podemos ver que en realidad está compartiendo su testimonio personal.

Cuenta cómo era su vida antes de Jesús, cómo conoció a Jesús y cómo fue su vida después.

Las siguientes preguntas te ayudarán a seguir el ejemplo de Pablo y te guiarán en la redacción de tu testimonio personal.

¿Cómo era tu vida antes de pedirle perdón a Jesús? ¿Cómo era tu actitud? ¿Cómo tratabas a la gente?

_____

_____

_____

_____

_____

_____

_____

_____

_____

_____

_____

Explica cuándo rezaste y le pediste a Jesús que te perdonara. ¿Dónde estabas? ¿Había alguien contigo? ¿Por qué tomaste esa decisión?

¿Cómo es tu vida con Jesús ahora? ¿En qué se diferencia de la que tenías antes de entregar tu vida a Él? ¿Nota la gente que eres más amable, más paciente y más cariñoso? (piensa en el Fruto del Espíritu)

_____

_____

_____

_____

_____

_____

_____

_____

_____

_____

Felicitaciones por haber completado el cuaderno de trabajo.

El bautismo es un gran paso en tu vida cristiana, y me alegro de que te hayas tomado el tiempo de trabajar en estas páginas para ayudarte a prepararte.

Ahora es el momento de que hables con tu pastor sobre los próximos pasos. Probablemente te preguntarán algunas de las preguntas que respondiste aquí en este libro, así que si las respondiste todas es muy probable que estés listo.

Al escribir estas páginas, oré específicamente por TI para que supieras con certeza que estabas listo para ser bautizado.

¡Espero que continúes acercándote a Dios mientras sigues Su camino para tu vida!

El día de tu bautismo

¡Hoy es tu gran día! El bautismo es un hito en la vida de un cristiano. Es un momento que recordarás para siempre. En las próximas páginas encontrarás espacios para escribir algunas cosas que te vendrán bien recordar el día de tu bautismo.

¿Cómo te has sentido desde que decidiste que querías bautizarte? (nervioso, asustado, feliz...)

_____

_____

_____

_____

_____

Pide a algunas personas que te quieren que escriban unas palabras de ánimo para que las recuerdes.

¿Cómo fue tu experiencia de bautismo?

Después del bautismo

Ahora que te has bautizado, ¿cómo te sientes?

_____
_____
_____
_____
_____

¿Quién vino a ver cómo te bautizaban?

_____
_____
_____
_____
_____

Certificado de Bautismo

Se certifica que

_____

fue obediente a la Escritura y se bautizó en el nombre del Padre, del Hijo y del Espíritu Santo

en _____ *al* _____

_____
Pastor

Por tanto, id, y haced discípulos a todas las naciones, bautizándolos en el nombre del Padre, y del Hijo, y del Espíritu Santo.

Mateo 28:19

Notas adicionales

Sobre el autor

Estoy felizmente casado con mi mejor amigo, y soy padre de la mejor hija que nadie podría tener. He pasado la mayor parte de 25 años haciendo algún tipo de ministerio para niños y sus familias.

Si te gustó **La Guía del Bautismo para Niños**, deberías ver algunos de los otros recursos que he creado --

Tienes el Fruto: una guía para las devociones de la familia es un gran devocional corto que puedes hacer por tu cuenta, o con tu familia. Está en Amazon para Kindle y ha llegado al número 1 en las listas de libros para el ministerio de niños.

Prayer Pact: un diario de oración de 30 días para niños es una gran manera de ayudar a los niños a leer las escrituras y comenzar a formar un hábito de oración en su vida.

Visita mi sitio web para obtener más información sobre estos grandes recursos y muchos más, o encontrarlos en Amazon.

pastorronbrooks.com

www.ingramcontent.com/pod-product-compliance
Lightning Source LLC
Chambersburg PA
CBHW072115290426
44110CB00014B/1926